FUNÉRAILLES

DU FEU ROI

LOUIS-NAPOLÉON BONAPARTE

ET DE SON FILS AINÉ

NAPOLÉON-LOUIS.

RELATION OFFICIELLE

PAR R...

Dédié à M. le Lieutenant-Général Arrighi, duc de Padoue.

PARIS

IMPRIMERIE DE A. HENRY,

RUE GIT-LE-COEUR, 8.

—

1847

FAMILLE BONAPARTE

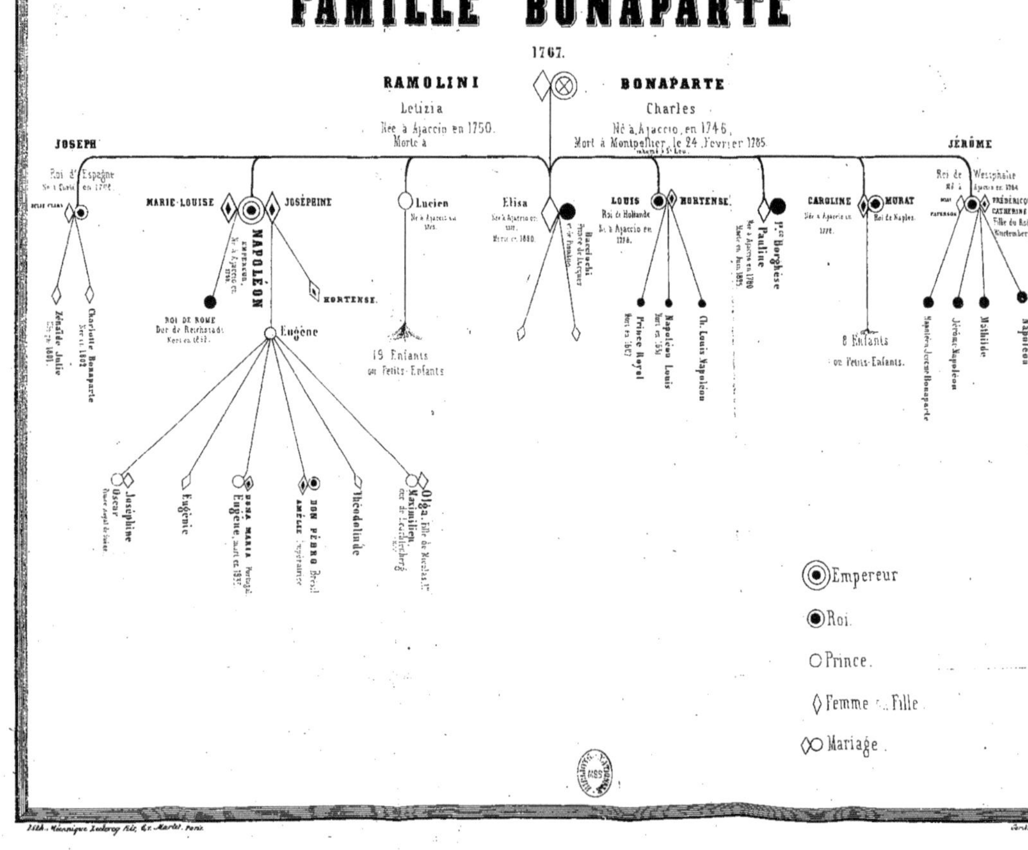

LES BONAPARTE.

L'île de Corse, où naquirent les Bonaparte, est un long amas de montagnes, sillonnées par des vallées plus ou moins fertiles, qui divisent la contrée en cantons nommés *Pièves*.

Chacun d'eux était anciennement habité par les familles les plus puissantes, toujours en guerre entre elles, mais qui, oubliant leurs dissensions intestines, se réunissaient pour ne former qu'un faisceau, dès qu'un danger public menaçait le pays.

Les villes du littoral, au contraire, peuplées de tribus étrangères qui s'y réfugiaient pour échapper aux persécutions, étaient, depuis plusieurs siècles, sous la domination des Génois, qui avaient essayé vainement d'asservir les Corses à leur République.

Ce fut en 1757 que l'illustre Paoli tenta d'affranchir

tout son pays de ce joug odieux. Vaincus dans plusieurs rencontres, les Génois appelèrent la France à leur secours, et le duc de Choiseul, alors ministre, confia le commandement de l'armée au comte de Vaux, qui, après s'être emparé de la ville de Bocognano, le 15 juin 1769, força Paoli à s'embarquer pour Livourne.

La Corse appartint dès lors à la France, et eut pour premier gouverneur M. de Monteynard.

Parmi les chefs de pièves qui avaient vaillamment combattu contre les Génois, était *Charles Bonaparte*, auquel son dévouement et son courage avaient mérité l'estime de ses concitoyens et l'amitié de Paoli.

Ses ancêtres étaient inscrits sur le Livre d'Or, à Bologne, et ils s'étaient alliés aux Colonna, aux Bozi, aux Durazo, après s'être réfugiés en Corse au commencement du xve siècle.

Il avait épousé, en 1767, *Letizia Ramolini*, femme dont la force d'ame égalait la beauté, et qui, dans ces temps de guerre civile, montra toujours un courage à la hauteur du péril.

Des treize enfants qui naquirent de ce mariage, huit seulement étaient vivants au moment où l'Empire s'écroula.

Nous citerons, selon l'ordre de dates de leur naissance, les divers membres de la famille Bonaparte, réservant, toutefois, une notice plus étendue de Louis, roi de Hollande, dont les cendres viennent d'être ramenées en France.

I. JOSEPH, né à Corte, le 7 janvier 1768. Il épousa,

en 1794, la fille de **M.** Clary, l'un des plus riches capita-
listes de Marseille.

Il devint roi d'Espagne en **1808**, par la volonté toute-
puissante de Napoléon.

Deux enfants sont nés de son mariage avec Julie *Clary:*

1° ZÉNAÏDE-JULIE, née le 8 juillet 1801 , mariée à
Charles-Lucien, fils de Lucien Bonaparte.

2° CHARLOTTE BONAPARTE, née le 31 octobre 1802,
mariée à Charles-Louis, fils de Louis Bonaparte.

II. NAPOLÉON, né à Ajaccio le 15 août 1769, Empereur des Français , etc.

Il épousa :

1° Joséphine , veuve du général Beauharnais , et déjà
mère d'Eugène et d'Hortense. — Elle fut répudiée.

2° Marie-Louise, archiduchesse d'Autriche, dont il eut
un fils, le roi de Rome, duc de Reichstadt , mort en 1832
sans postérité.

III. LUCIEN, né à Ajaccio en 1775.

Il reçut du pape le titre de prince de CANINO.

Il s'est particulièrement occupé de la culture des let-
tres, et est auteur de plusieurs ouvrages :

1° *Stellina;*

2° *Charlemagne*, poème épique en 24 chants;

3° *La Cyrnéide, ou la Corse sauvée*, poème épique;

4° Quelques poésies légères.

Ses descendants sont les plus nombreux; ils sont au
nombre de dix-neuf, tant enfants que petits-enfants.

On compte parmi eux :

CHARLES-LUCIEN BONAPARTE, connu sous le nom de prince de MUSIGNANO.

Il a épousé Zénaïde Bonaparte, fille de Joseph ;

L'aînée des filles, CHARLOTTE, mariée au prince Gabrielli ;

La seconde, mariée d'abord à lord Stuart, puis à un Suédois ;

Une autre, mariée à M. Wysé, Irlandais ;

Une dernière fille, ALEXANDRINE, s'est vouée, comme son père, à la poésie ; elle a fait paraître un poème en dix chants, intitulé : *Bàthilde, reine de France.*

IV. ÉLISA est née à Ajaccio le 3 janvier 1777.

Elle a épousé Bacciochi, prince de Lucques et de Piombino.

Elle est morte en 1820, à Santo-Andea, près de Trieste.

V. LOUIS, né à Ajaccio le 2 septembre 1778.

Il épousa, le 4 janvier 1802, Hortense de Beauharnais, fille de l'Impératrice Joséphine.

Il fut proclamé roi de Hollande le 9 juin 1806.

De ce mariage sont nés trois fils :

1° Le PRINCE ROYAL, mort du croup en 1807 ;

2° NAPOLÉON-LOUIS, tué à Forli en 1831 ;

3° CHARLES-LOUIS.

VI. PAULINE, née à Ajaccio le 20 octobre 1780.

Elle fut mariée :

1° Au général Leclerc, mort à Saint-Domingue ;

2° Au prince Camille Borghèse.

Elle est morte à Florence le 9 juin 1825, et n'a pas laissé d'enfants.

VII. CAROLINE, née à Ajaccio le 25 mars 1782.

Mariée à Joachim Murat, roi de Naples.

De cette union sont nés quatre enfants et quatre petits-enfants.

Les quatre enfants sont :

1° ACHILLE-NAPOLÉON MURAT, né le 21 janvier 1801. Revenu, en 1830, des États-Unis en Europe.

2° LUCIEN-CHARLES, né le 10 mai 1802. Fixé dans l'Amérique-Méridionale.

3° LETIZIA-JOSÉPHINE, né le 25 avril 1803. Mariée au marquis de Pepoli, de Bologne.

4° LOUISE-CAROLINE, née le 22 mars 1805. Mariée au comte Rasponi, de Ravenne.

VIII. JÉROME, né à Ajaccio le 15 novembre 1784.

Il épousa :

1° Miss Paterson, dont il eut un fils, JÉRÔME-NAPOLÉON BONAPARTE ;

2° En 1807, la princesse Frédéricque-Catherine, fille du roi de Wurtemberg, et devint roi de Westphalie.

En 1816, son beau-père lui donna le titre de PRINCE DE MONTFORT.

Il habite maintenant l'Italie.

De son second mariage avec la princesse Catherine, il a eu trois enfants :

1° JÉRÔME-NAPOLÉON ;
2° MATHILDE ;
3° NAPOLÉON.

LOUIS BONAPARTE.

Louis-Napoléon Bonaparte est né à Ajaccio le 2 septembre 1778.

Ce fut en 1793 qu'il quitta la Corse, après la défaite des troupes françaises par les soldats de Paoli, qui, dénoncé à la Convention et placé sur la liste de vingt généraux proscrits, avait levé l'étendard de la révolte.

Napoléon était parvenu à sauver sa famille, complètement ruinée par le pillage et l'incendie, et, de retour en France avec tous les siens, il les établit dans les environs de Toulon.

Louis entra de bonne heure dans la carrière des armes. Il suivit son frère en Italie et en Égypte, et fut chargé par lui de dépêches importantes pour le Directoire.

Aide-de-camp de Napoléon, alors que celui-ci, saisissant un drapeau, s'élança sur le pont d'Arcole, Louis se précipita devant lui, bravant la mitraille, et lui faisant un rempart de son corps.

Envoyé en mission près du Cabinet de Saint-Pétersbourg, par le premier Consul, la nouvelle de la mort de

Paul Ier, qu'il apprit à Berlin, le força de s'arrêter dans cette ville, où il séjourna plus d'un an.

A son retour à Paris, il fut nommé colonel du 5e régiment de dragons, et devint ensuite général de brigade, puis conseiller d'État et général de division.

En 1802, il épousa Hortense-Fanny de Beauharnais, fille de l'Impératrice Joséphine.

A l'avènement de Napoléon à l'empire, il reçut le titre de Connétable et de colonel-général des carabiniers.

Après avoir été successivement nommé gouverneur-général du Piémont, et gouverneur par intérim de la capitale, en remplacement du grand-duc de Berg (Murat), il alla commander l'armée du Nord en Hollande.

La République Batave fut alors érigée en royaume par Napoléon, et un traité qui déféra la couronne de Hollande au prince Louis, fut signé le 24 mai 1806, entre la France et la Hollande.

Le 9 juin, les États envoyèrent une ambassade extraordinaire, qui vint demander à l'Empereur, au nom du peuple hollandais, le prince Louis pour roi. L'archi-chancelier présenta au sénat un message impérial, et dès ce moment le prince prit le titre de roi de Hollande.

Le premier soin du nouveau monarque fut de rétablir les finances de ses États, et il sollicita vivement de la France le renvoi de ses troupes, qui restaient à la solde du pays, ainsi que la diminution des armements maritimes. Napoléon finit par accorder à son frère ce que celui-ci lui demandait avec une énergique dignité. Un code civil et un code criminel furent rédigés selon ses vues par les hommes les plus éminents, et il établit un système de contributions d'une égalité parfaite entre tous les habitants; enfin, il proposa au corps législatif une loi portant création de l'ordre de l'Union et de celui du Mérite.

A d'éminentes qualités vraiment royales, Louis joignit toujours un noble caractère d'humanité.

Un bateau de poudre sauta en 1807, au milieu de la ville de Leyde, et y causa un épouvantable désastre. Le roi accourut sur les lieux, prodigua lui-même des secours et des consolations aux malheureux que cette catastrophe venait d'atteindre, et les dispensa pendant dix années de toute contribution.

Dans une de ces terribles inondations de la Gueldre, qui portent toujours avec elles le deuil et l'épouvante, le roi, quoique malade, accourut avec les principaux officiers de sa maison. Les digues rompues n'opposaient déjà plus de frein aux torrents, qui engloutissaient tout ce qui s'opposait à leur passage.

Louis, s'exposant lui-même à d'imminents dangers, excitait les travailleurs par son exemple et son courage.

Grâce à de savants travaux ordonnés par lui et exécutés sous ses yeux, il parvint à sauver la ville de Gorcum de l'inondation complète dont elle était menacée, et, sans prendre de repos, quoique exténué de fatigue, il se rendit sur un autre point où son active sollicitude pouvait être encore utile.

La bonté, la patience avec lesquelles il écoutait toutes les réclamations qui lui étaient adressées, charmaient ses sujets; et ce qui leur inspira pour lui une sorte de vénération, ce fut le dévouement et l'humanité dont il fit preuve dans le village d'Aerle, en s'exposant volontairement aux dangereux effets d'une maladie contagieuse, pour offrir aux habitants, que décimait une affreuse épidémie, des secours et des consolations qui devaient alléger leurs souffrances.

L'amour de son peuple suffisait au généreux monarque ; aussi refusa-t-il sans hésiter la couronne d'Espagne, que lui offrait Napoléon, et que Charles IV venait d'abdiquer.

Cependant l'Empereur, résolu d'établir son système continental, avait ordonné le séquestre de toutes les marchandises anglaises.

Ces mesures anéantissaient le commerce hollandais, et l'on attendait en vain la fin du blocus.

Placé entre les intérêts de la nation qui l'avait appelé à régner sur elle, et la déférence qu'il devait à l'Empereur, Louis pouvait difficilement concilier ses devoirs comme roi de Hollande avec ce que la France attendait de lui. Les témoignages d'affection qu'il recevait chaque jour de son peuple, firent bientôt naître dans son cœur le germe de cette prédilection nationale qui le fit résister longtemps aux volontés impérieuses de son frère.

Heurter les vues de Napoléon, trop puissant, trop absolu pour reculer devant toute opposition contraire à son vaste système, c'était risquer de voir briser entre ses mains un sceptre qu'il pouvait reprendre comme il l'avait donné. Entre sa conscience et sa couronne, Louis n'hésita pas ; ne cherchant que le bien-être de ses sujets, il résolut de braver les évènements.

La postérité accordera toujours à Louis Bonaparte le tribut d'éloges que lui ont justement mérité un cœur droit, et son ardent désir de faire le bonheur de ceux qui l'avaient choisi pour régner sur eux.

Il ne consentit point à accepter alors le rôle de manda-
taire, que Napoléon semblait lui avoir destiné en Hollande ;
il voulut être roi sans se voir imposer l'obligation d'un dévouement exclusif, et d'une obéissance aveugle à ses volontés suprêmes.

Le maréchal Oudinot, à la tête d'une armée de vingt
mille hommes, pénétra dans la Hollande pour y faire ob-
server le blocus continental, et voulut établir son quartier-
général dans la capitale d'Amsterdam.

Convaincu, dès lors, qu'il ne pouvait plus rien pour l'a-
venir du peuple hollandais, le roi abdiqua en faveur de son
fils, qu'il confia au général Bruno, l'un des grands officiers
de la couronne, et, par un message particulier, fit connaître
à Napoléon le parti qu'il venait de prendre. L'Empereur
rejeta cette abdication, et, le 9 juillet 1810, un décret
impérial réunit la Hollande à l'Empire.

Louis, parti secrètement du pavillon de Haarlem, n'em-
menant avec lui que deux officiers de sa maison, se rendit
d'abord à Cassel, puis à Tœplitz, en Bohême ; enfin il se
retira à Gratz, en Styrie, où il passa trois années dans la
retraite, sous le nom du comte de Saint-Leu.

Il avait refusé un brillant apanage, que lui accordait un
sénatus-consulte en dédommagement de la Hollande, or-
donnant à la reine de refuser aussi pour elle et pour ses enfants.

Lorsqu'en 1813 le défection des alliés de Napoléon fit
naître de justes inquiétudes, et que les forces réunies de
l'Europe semblèrent près de fondre sur la France, Louis
offrit, de sa retraite, ses services à l'Empereur, qui les ac-

cepta. Il se rendit en Suisse; mais, malgré la réponse favorable qu'il avait reçue, il resta inoccupé.

Louis s'était opposé à la réunion de ses États à l'Empire, et avait toujours protesté qu'en abdiquant en faveur de son fils, il n'avait pas laissé le trône vacant.

Aussi, lorsque la Hollande se fut insurgée en s'affranchissant de la domination française, Louis adressa, de Soleure, au gouvernement provisoire, une lettre dans laquelle il revendiquait tous ses droits au trône : mais cette réclamation ne pouvait s'accorder avec les vues politiques des puissances alliées.

Le comte de Saint-Leu se retira dans les États du Pape, avec quelques membres de sa famille.

Louis s'est occupé, dans sa retraite, de travaux littéraires, où l'on trouve la preuve d'un mérite réel, d'une ame droite et de sentiments élevés.

Il est auteur des ouvrages suivants :

1° *Marie ou les Hollandaises*, 2° *Documents historiques sur la Hollande*, 3° *Mémoire sur la versification*, 4° un opéra et une tragédie, 5° un *Recueil de poésies*, 6° *Réponse à sir Walter Scott sur son histoire de Napoléon*.

Le roi de Hollande s'était prononcé contre la peine de mort. « Un roi, disait-il, doit compte à Dieu, à la postérité et à la nation, de tous les individus qui lui sont soumis. »

Louis Bonaparte est mort à Livourne, le 25 juin 1846, demandant, comme son frère Napoléon, que son corps et celui de son fils, tué en 1831, à Forli, dans les troubles de la Romagne, fussent ramenés en France et inhumés à Saint-Leu, où reposaient déjà son père et son premier fils.

PRÉPARATIFS DE LA CÉRÉMONIE.

Le corps de *Louis Bonaparte*, et celui de son fils *Napoléon-Louis*, débarqués à Marseille, ont été transférés à
Saint-Leu, où devait avoir lieu la cérémonie des funé-
railles, et déposés dans une chapelle ardente.

Voici la description des préparatifs de cette grave solennité.

La tenture du portail de l'église se compose d'un large
bandeau de drap noir, rehaussé de galons et de franges à
hautes torsades d'argent retombant sur les tapisseries des
piliers.

Au sommet, une grande litre à broderies d'argent
épouse l'inclinaison du comble, et vient se perdre au-
dessous de la croix latine qui le surmonte.

À droite et à gauche, les pilastres habillés de noir servent de point d'appui à deux épaisses portières richement
galonnées, qui ferment l'entrée du porche en laissant en-
trevoir au loin l'intérieur éclairé du temple.

Les bandeaux de deuil vont ensuite se prolongeant de
chaque côté, ainsi que de riches tentures étincelantes d'at-

tributs, de couronnes funèbres, d'écussons et d'aigles impériales, entrecoupés par des trophées de drapeaux aux couleurs nationales.

Sur les deux pilastres, d'autres trophées de drapeaux servent de supports à des grandes bannières impériales en velours violet, portant le chiffre du grand Empereur, placé au milieu d'un semis d'abeilles d'or, emblêmes vivants du travail et du courage, dont il avait orné les armoiries de sa maison.

Au-dessus du portail de l'église, un immense attribut aux armes impériales, au milieu desquelles resplendit une aigle couronnée et entourée de trophées de drapeaux tricolores.

Enfin, une enceinte de barrières de deuil, s'avançant au-devant de toute la façade du temple, y forment des propylées qui entrecoupent, de distance en distance, de hauts trépieds antiques dans lesquels brûlent sans cesse des feux funèbres aux couleurs changeantes et lugubres.

INTÉRIEUR DE L'ÉGLISE.

L'église de Saint-Leu, choisie pour la sépulture de la famille Bonaparte, et qui a dû cet honneur à de pieux souvenirs, n'est malheureusement pas assez vaste pour qu'on puisse y déployer tout l'éclat qu'exigerait une pareille solennité.

Néanmoins, la manière dont elle est décorée annonce un goût sévère qui ne manque ni de dignité, ni de grandeur.

L'autel, le sanctuaire et le chœur, entièrement couverts de noir, que coupent heureusement des banderolles blanches d'un couronnement peu surchargé de broderies , se présentent d'abord aux yeux, tout resplendissants du feu des cierges, des candélabres et de tout le sombre éclat d'un grand lampadaire funèbre.

Au milieu du chœur s'élève un magnifique catafalque surmonté des deux cercueils.

A droite est le feu roi, qui repose sous un poële de velours violet avec croix de drap d'or, aux angles duquel brillent des initiales, des aigles impériales, au milieu d'un semis d'abeilles, et qui est bordé d'un rang d'hermine, emblème de la royauté.

Au-dessus du corps, un coussin de velours violet porte les attributs royaux voilés d'un crêpe étoilé.

A gauche est le feu prince, sous un poële de velours noir garni d'une haute frange à torsades et semé de larmes et d'étoiles d'argent, que surmonte un autre coussin sur lequel est déposée une couronne princière, aussi voilée d'un crêpe.

De riches armoiries rehaussent, aux quatre angles, les deux draps mortuaires.

Le soubassement forme un parallélogramme composé de pilastres en bronze à moulures argentées, avec panneaux brodés remplis de fleurons, de nielles, de motifs variés en argent mat et brillant, qui scintillent à l'éclat des lumières répandues au pourtour.

Le catafalque est couronné par un baldaquin suspendu aux voûtes de l'église.

Ce dôme, en velours étoilé, est entouré de larges lambrequins de velours noir, étincelants d'arabesques d'argent, terminés par de longues franges de même métal qui se balancent au-dessus des deux représentations.

Un grand attribut représentant l'aigle impérial, autour duquel serpente le grand cordon de la Légion-d'Honneur, surmonté d'une couronne et placé sur une draperie de velours et d'hermine, apparaît au haut du baldaquin et fait face à la grande entrée.

La nef est décorée d'un large bandeau noir, surmonté d'une litre richement brodée.

La tenture se contourne en suivant la forme ogivale des piliers, qui sont eux-mêmes masqués par des draperies, et portent chacun un trophée de drapeaux flottants, avec des écussons en velours violet, ornés d'initiales et d'aigles impériales.

A tous les bandeaux de l'attique sont suspendus des attributs et des armoiries de l'Empire.

Ces divers décors se prolongent dans les bas-côtés ; et les chapelles latérales, entièrement tendues, depuis le parvis jusqu'à la voûte, sont éclairées par des lustres et des candélabres, qui font scintiller aux yeux les arabesques dont ils sont couverts.

Quatre groupes épais de nombreux drapeaux tricolores, surmontés de hautes bannières en velours violet semé d'abeilles d'or, terminent les extrémités en forme de trophées.

Des candélabres dorés, répartis sur les gradins, commencent une longue ligne de feux funèbres, qui se prolongent au loin et ne se terminent qu'aux piliers de l'orgue.

Quatre grands dignitaires, placés sur des fauteuils brodés

d'argent, veillent aux angles du catafalque, et tiennent les cordons d'honneur.

Le chœur, divisé en stalles couvertes de housses de deuil, contient le clergé et la famille.

Les tribunes, aussi tendues en noir, sont destinées à recevoir les nombreux invités qui viendront rendre un dernier hommage aux cendres de Louis Bonaparte et de son fils, avant qu'ils ne reposent enfin dans leur dernière et immuable demeure.

C'est à l'Administration des Pompes funèbres générales, chargée spécialement du service des environs de Paris et des départements, que M. le lieutenant-général Arrighi, duc de Padoue, exécuteur testamentaire du feu roi, a confié le soin de rendre à ces deux membres de la famille Bonaparte les honneurs funèbres dignes du rang élevé qu'ils ont occupé.

Les administrateurs ont compris toute l'importance de la haute mission qui leur était dévolue, et les artistes les plus distingués ont été appelés à les seconder.

C'est à M. *Langlé*, directeur de cette entreprise, qu'est due la parfaite ordonnance de cette cérémonie, qui rappelle, dans de moindres proportions, celle de la translation des cendres de l'Empereur.

d'argent, veillent aux angles du catafalque, et tiennent les cordons d'honneur.

Le cirque, divisé en stalles couvertes de housses de deuil, contient le cercle et la famille.

Les tribunes, aussi tendues en noir, sont destinées à recevoir les nombreux invités qui viendront rendre un dernier hommage aux cendres de Louis Bonaparte et de son fils, avant qu'ils ne reposent enfin dans leur dernière et impérissable demeure.

C'est l'Administration des Pompes Funèbres générales, chargée [illegible] environs de Paris et des départements, [illegible] au grand-maréchal [illegible] du [illegible], excepteur [illegible] du fourrier, a songé le soin d'en[illegible] les deux [illegible] de la famille Bonaparte les honneurs funèbres dignes du rang [illegible] qu'ils ont pu [illegible]

[illegible]

PROGRAMME

DE LA CÉRÉMONIE FUNÈBRE

DES OBSÈQUES

DE L. A. I. LES PRINCES LOUIS BONAPARTE

ET

NAPOLÉON-LOUIS BONAPARTE,

QUI SE FERONT DANS L'ÉGLISE DE SAINT-LEU-TAVERNY

PRÈS ENGHIEN,

LE MERCREDI 29 SEPTEMBRE 1847.

Le matin, à 7 heures, les rues adjacentes seront interdites aux voitures et au public ; les passages seront gardés par la gendarmerie, qui ne laissera arriver que les personnes de service.

A onze heures, l'entrée de la place sera ouverte aux personnes munies de billets.

A midi, l'entrée des barrières sera accordée aux personnes vêtues de deuil.

Après la cérémonie, les barrières seront définitivement levées, et tout le public sera admis à visiter l'église.

La garde nationale et la gendarmerie fourniront chacune un piquet aux portes de l'église et aux barrières de la place.

Une barrière sera placée dans la ruelle, du côté latéral de l'église. Cette ruelle sera tendue de noir; deux factionnaires seront placés à chaque extrémité.

Une heure avant l'ouverture des portes, les personnes de la famille, accompagnées des autorités départementales, du commandant de la garde nationale, du maire et de ses adjoints, assistés de M. le curé de la paroisse et de son clergé, procéderont à la réception des deux corps, qui seront transportés depuis la chapelle ardente où ils sont déposés, jusqu'au catafalque, et remis à la garde de M. le curé, par M. le docteur *Conneau*.

Procès-verbal de cette remise sera dressé dans la sacristie et signé par les personnes présentes.

Après ces formalités accomplies, les portes seront immédiatement ouvertes au public muni de billets.

Les billets à l'aigle entreront par la porte particulière, et seront placés par MM. les Commissaires.

Les billets violets entreront par la même porte et seront reçus dans la nef, travées numéros 1, 2, 3 et 4. — Les dames seront reçues, travées numéros 5 et 6.

Les billets blancs se placeront aux deux chapelles latérales, hommes et dames (invitations de la commune et de l'église); ils entreront par la grande porte.

Une demi-heure seulement avant la cérémonie, les portes des travées seront ouvertes pour toutes les personnes, hommes ou dames, vêtues de deuil, qui se présenteront sans billets.

Aux angles du catafalque, se placeront MM.
chargés de tenir les coins des poëles funéraires.

L'office aura lieu dans l'ordre accoutumé.

La musique et les chantres seront placés dans la tribune
d'orgue.

APRÈS L'OFFICE,

L'absoute se fera dans l'ordre suivant :

1° Le clergé officiant et assistant jettera l'eau bénite ;

2° Les hommes de la famille ;

3° Les dignitaires tenant les coins du poële :

4° Les autorités départementales ;

5° Les autorités locales ;

6° Les invités des travées de la nef ;

7° Les officiers de la garde nationale et de la gendarmerie.

L'ABSOUTE ACHEVÉE,

La garde nationale défilera, suivie des invités. Le cortège
sera fermé par le détachement de la gendarmerie.

Arrivées sur la place de l'église, les troupes exécuteront
une salve de mousqueterie.

Les cloches sonneront à grande volée à la sortie.

Après la cérémonie, l'église restera ouverte au public
jusqu'à six heures du soir.

Les visiteurs entrés par le portail défileront dans la nef et sortiront par la porte latérale.

Une double haie de gardes nationaux et de gendarmerie veillera au maintien de l'ordre.

Les maîtres des cérémonies resteront à leur poste.